A MES PARENTS,

AMOUR.

—

A MES AMIS,

DÉVOUEMENT.

Faculté de Droit de Toulouse.

ACTE PUBLIC

POUR LA LICENCE

EN EXÉCUTION DE L'ART. 4 DE LA LOI DU 22 VENTOSE AN XII,

SOUTENU

Par M. CAMBON (Antoine-Jules-Alexandre),

NÉ A LACAUNE (Tarn).

JUS ROMANUM.

LIV. II. — TIT. XVIII.

De inofficioso testamento.

Ab initio romanæ societatis, cùm paterfamilias testamentum ordinâret, maximâ fruebatur facultate de hæredibus suis eligendis; his enim verbis expressa erat lex duodecim Tabularum : « Uti legassit super pecunia tutelave rei, ità jus esto. » Posterioribus verò temporibus hæc mutata sunt præcepta juris, et hæredes sui, vivo quoque patre, quodam modo domini

1850

existimantur. Ex illo tempore, civis romanus non alias personas quàm suos hæredes instituere potuit, nisi eos exhæredes fecisset : « Qui filium in potestate habet curare debet ut eum hæredem instituat, vel exharedem eum nominatìm faciat. » INSTIT., tit. XIII, *de exhæredatione liberorum ad præmium*.

Conditio est validitatis testamenti exhæredatio; nam, si pater filium silentio præterierit, inutiliter testabitur. Sic leges voluere, ne testatoris consilia in dubium verterentur. Difficile enim fuisset aperiendi, an oblivione, an voluntate patris, liberi testamento præteriti fuerint, an ægrotans et morbo confectus de illis tacuerit pater immemor, an eos exhæredes facere voluerit·indignos judicans bona sua possidendi.

Adveniebat ut illà permissione exhæredandi suos abutebantur testatores et extraneos eligebant testamento, nec ulla liberis concedebatur actio in injustam exhæredationem vel præteritionem. Post duodecim Tabularum legem; aliæ opiniones receptæ sunt, et liberis sine causâ exhæredatis vel iniquè præteritis permissum fuit de inofficioso agere testamento.

Ità dicamus :

I. — Quid est inofficiosum testamentum? Qualem jus concedit actionem de rescisione inofficiosi testamenti?

II. — Quibus personis permissum est de inofficioso agere testamento?

III. — Quibus sub conditionibus inofficiosi testamenti quærela accipitur?

IV. — Quinam sunt effectus inofficiosi testamenti rescisione producti?

1. — Quid est inofficiosum testamentum? Qualem jus concedit actionem de rescisione inofficiosi testamenti?

Testamentum vocatur inofficiosum quod factum est contra officium pietatis, observatis saltem omnibus juris præceptis: « Inofficiosum dicitur testamentum, quod frustrà liberis exhæredatis, non ex officio pietatis, videtur esse conscriptum. » Paulus, in Sententiis, tit. V, *de inoff. quærelâ*.

Non directâ, sed fictâ actione uti permissum erat quibus testamentum rescindi inofficiositatis causâ petebant. Hac colore hæredes sine causâ exheredati, vel iniquè præteriti, utebantur. Contendebant non sanæ mentis fuisse testatorem cum testamentum ordinâret. Non tamen in furore aut dementia fuerit testator; nam si verè furiosus, ex ipsis præceptis juris testamentum nullum est.

Non tantum permissum est liberis parentium testamentum inofficiosum accusare, verum etiam parentibus liberorum. Omnis vero cessio juris ab illis antè facta nulla est , quia sicut Sententiis dicit Paulus : « Meritis liberis, potius quàm pactionibus adstringi placuit. »

II. — Quibus personis permissum est de inofficioso agere testamento ?

De inofficioso testamento agere possunt liberi naturales, adoptivi, posthumique. Attamen dicere debemus non cunctis adoptivis concedi quærelam inofficiosi testamenti, sed illis tantum qui in familiam venerint per adoptionem perfectam. Quum testator personas turpes hæredes instituerit, fratres et sorores de fraterno testamento eodem fruuntur jure. Alii cognati , non possunt quærelam inofficiosi testamenti agere.

Conceditur parentibus de liberorum testamento inofficiosi testamenti quærela.

III. — Quibus sub conditionibus inofficiosi testamenti quærela accipitur?

Quærela inofficiosi testamenti injuriosa erat quodam modo in testatoris memoriam; plures etiam conditiones necessariæ erant ut à magistratu acciperetur.

1° Agere quærelam possunt qui injustè exhæredati vel præteriti fuerunt; nam si justæ erant causæ exhæredationis vel præteritionis, non infirmaretur testamentum. Onus probandi injusticiam exhæredationis vel præteritionis in principio incumbebat actori ; deindè Justinianus voluit ut institutus hæres probaret legitimas esse causas exhæredationis.

2° Non accipitur quærela quoties hæredes inofficiosum testamentum accusantes, ad hæreditatem totam vel partem ejus alio jure veniunt.

Ex antiquo jure, omnis hæres qui, quocumque modo , quartam partem bonorum sibi advenientium acceperat, si parenti defuncto successisset, quærelam inofficiosi testamenti ad magistratum deferre non poterat. Igitur, necesse erat liberos quartam bonorum quæ ab intestato habuissent accepisse , ut quærela rejiceretur, nec liberorum numerus his præceptis impedimento erat. Ab imperatore Justiniano hæc mutata sunt, nam voluit legitimam liberorum portionem in paternis bonis, dimidiam esse partem bonorum quæ ab intestato habuissent, si quatuor aut majore numero liberi essent ; tertiam verò, si minore numero. Ad verecundiam naturæ, volu etiam quærelam inofficiosi testamenti rejici, quoties liberi quantamcumque partem bonorum acceperant, hæredis institutionis causâ ; illis tamen concessit actionem ad complendam legitimam partem.

5° Necesse erat actionem intendi, primùm intrà biennium, posteà intrà quinque annos. Expletâ prorogatione, omnis actio irrita erat. Frustrà testamentum arguisset, quamvis in tempore, si legitimarius cum institutis transegisset, aut si judicium testatoris agnovisset, ut legato accepto. Morte legitimorum hæredum, actio extinguebatur; attamen si antequàm morerentur, in litem venissent, hæredes jure suo fruebantur, nam actiones quæ tempore pereunt, semel inclusæ judicio, salvæ permanent.

IV. — Quinam sunt effectus inofficiosi testamenti rescisione producti.

In principio, cùm rescinderetur testamentum, irritæ erant omnes testameti in clausulæ ; sed Justinianus juris rigorem temperavit. In novellis prescripsit, cùm admitteretur rescisio institutionem hæredis tantùm, irritam fore legatis et aliis capitulis suam obtinientibus firmitatem.

CODE CIVIL.

Quelles sont les diverses hypothèques légales? — Exposition des règles concernant celle de la femme mariée.

Toutes les hypothèques sont légales, en ce sens que c'est la loi qui règle les conditions de leur existence ; mais on appelle particulièrement légales celles qui résultent sans aucune stipulation ni condamnation judiciaire de la loi, et par sa seule force. C'est donc dans la loi elle-même que nous devons trouver l'énumération des personnes qui pourront, en vertu de leurs qualités, jouir de ce grand privilége. Ce sont, aux termes de l'art. 2121, les femmes mariées, les mineurs et interdits, l'Etat, les communes et les établissements publics.

Avant de commencer l'étude de chacune de ces hypothèques, nous croyons devoir signaler un principe important qui caractérise l'hypothèque légale et la différencie de toutes celles formées par des stipulations, des conventions: c'est qu'elle est générale de sa nature, et s'étend à tous les biens du débiteur, à ceux qu'il possède, à ceux qu'il pourra acquérir, tandis que la seconde ne frappe que des biens particuliers, déterminés.

On voit, d'après l'art. 2121 que les hypothèques légales peuvent se ranger en trois classes, savoir : 1° celles des femmes mariées; 2° celles des mineurs et interdits; 3° celles de l'Etat, des communes, des établissements publics. Notre question se rattachant à l'exposition des règles concernant celles que nous avons rangées dans la première catégorie, nous nous contenterons de signaler, en terminant, une disposition particulière à celles placées dans la troisième, et de faire un exposé sommaire des règles propres à celles de la deuxième.

La matière que nous allons traiter donnant lieu à de nombreuses controverses, nous avons cru, afin de mettre plus de clarté dans notre exposition, pouvoir la diviser en six paragraphes. Dans le premier, nous dirons quels sont les biens pour lesquels la femme a des droits à l'hypothèque légale; dans le deuxième, s'il est nécessaire qu'il y ait inscription prise au bureau du conservateur; dans le troisième, quelle est l'époque de laquelle date l'hypothèque; dans le quatrième, quels sont les biens frappés par l'hypothèque; dans le cinquième, comment on peut restreindre l'hypothèque; enfin dans le sixième, s'il est nécessaire que le contrat de mariage soit fait en France pour que la femme ait hypothèque sur les biens de son mari.

I. — Quels sont les biens pour lesquels la femme a des droits à l'hypothèque légale?

L'hypothèque légale établie dans l'intérêt de la femme mariée, pour éviter les abus de l'administration dont le mari se trouve chargé pendant le mariage, nous paraît devoir s'étendre à tous les biens dont celui-ci est le gérant; elle doit garantir les apports matrimoniaux, paraphernaux, les droits et gains de survie, les gains matrimoniaux, en un mot toutes les créances que la femme peut avoir sur son mari en qualité d'épouse. Il nous semble qu'on doit ainsi conclure des termes généraux *droits* et *créances* employés par l'art. 2121 du Code civil. Il importe peu, du reste, que les conjoints aient adopté le régime dotal ou de la communauté ; dans l'un et l'autre régime, la femme nous paraît devoir jouir des prérogatives que lui accorde l'article précité.

II. — *Est-il nécessaire qu'il soit pris inscription au bureau du conservateur ?*

Il est des auteurs qui, distinguant entre les biens dotaux et les biens paraphernaux, ont prétendu que s'il n'était pas nécessaire qu'il y eût inscription dans le premier cas, il devenait indispensable de remplir cette formalité dans le second.

Cette opinion nous paraît inadmissible, d'abord parce que la loi a voulu également protéger toutes les créances de la femme, et que c'est le propre de l'inscription qui fait en ce moment le sujet de notre examen, d'être dispensée d'inscription. En second lieu, le législateur n'a nulle part établi pareille distinction; il na pu vouloir créer une hypothèque légale affranchie d'inscription et une hypothèque légale soumise à cette règle.

En vain, pour soutenir cette opinion, s'appuierait-on sur l'article 2135, et dirait-on que qu'il ne s'agit dans cet article que de la dot et des conventions matrimoniales, de la dot, c'est-à-dire des biens constitués par la femme au mari, à l'effet de soutenir les charges du ménage; des conventions matrimoniales, c'est-à-dire des avantages matrimoniaux faits à la femme en cas de survie; que par suite, les biens paraphernaux ne rentrent pas dans la catégorie de ceux pour lesquels l'inscription n'est pas obligatoire.

Quelque spécieux que paraissent ces arguments, il est facile de les réfuter en se fondant sur les art 2140, 2144, 2193, 2195, qui portent que les acquéreurs des immeubles du mari ne purgent les hypothèques *non inscrites* pour *dot, reprises et conventions matrimoniales* qu'en observant les formalités qu'ils prescrivent. Or, les sommes extra-dotales, les biens paraphernaux ne forment-ils pas une reprise de la femme contre son mari? Le mot *reprise*, dans son acception générale, ne s'applique-t-il pas à tout ce que l'épouse a le droit de réclamer de son époux? à toutes les répétitions de choses dotales et extra-dotales qu'elle peut faire sous l'un et l'autre régime? Si le mot *reprise* a le sens que nous lui attribuons, ne s'ensuit-il pas que l'hypothèque, pour les sommes extra-dotales et les biens paraphernaux, existe sans inscription? Le dernier paragraphe de l'article 2135, ainsi conçu : « La « femme a hypothèque pour le remploi de ses propres aliénés, » vient encore fortifier notre raisonnement et condamner l'opinion contraire. Qu'on ne dise pas que le mot *propre* n'est employé que dans le régime de la communauté, car le législateur s'en est servi dans l'article 1546, relatif au régime dotal et à la constitution de la dot. Il est évident qu'en cas d'aliénation par le mari d'immeubles paraphernaux appartenant à la femme, celle-ci serait protégée par le bénéfice de cette disposition de notre article.

La responsabilité du mari accompagnée d'hypothèques sans inscription dans le cas d'aliénation d'un paraphernal, doit l'être également toutes les fois qu'il a des comptes à rendre pour le maniement des paraphernaux de sa femme.

Du reste, les raisons pour lesquelles on a dispensé d'inscription l'hypothèque qui doit garantir les biens dotaux militent en faveur de notre opinion. Les auteurs du Code ont voulu que pour la dot et les couventions matrimoniales l'hypothèque existât sans inscription, parce qu'ils ont senti que la femme, subissant l'influence des conseils de son mari, pourrait ne pas requérir inscription et se trouverait ainsi en condition pire que les autres créanciers; or, ce que l'on a craint pour les biens dotaux est également à redouter pour les sommes paraphernales dont le mari a touché le montant, et cette seule raison suffirait pour soutenir l'idée que nous défendons.

D'après un avis du conseil d'État du 8 mai 1812, l'hypothèque légale de la femme est dispensée d'inscriptions, même après la dissolution du mariage. D'où il suit que les héritiers peuvent se prévaloir des actions résultant de cette hypothèque, qui ne saurait s'évanouir quand le moment est venu d'en retirer les avantages.

III. — *Quelle est l'époque de laquelle date l'hypothèque.*

C'est une question fort grave que celle de fixer l'époque à laquelle l'hypothèque légale de la femme mariée prend rang, car de cette époque dépend l'utilité ou la non-utilité de l'inscription.

La loi n'a pas à ce sujet fixé une date invariable; elle a compris qu'agir ainsi, ce serait faciliter au mari la frustration de ses créanciers légitimes.

La femme a-t-elle hypothèque à compter du jour de la célébration du mariage devant l'officier de l'état civil, ou bien du jour où le contrat de mariage a été passé devant le notaire? Telle est la question que nous devons résoudre et qui a divisé les auteurs. Pour nous, la première solution nous paraît préférable; nous dirons les motifs qui nous font ainsi décider, après avoir analysé les arguments employés pour soutenir l'opinion contraire. C'est dans les articles 2194 et 2195 que les auteurs auxquels nous venons de faire allusion, vont puiser leurs principaux arguments. Le premier de ces articles est relatif à la purge de l'hypothèque de la femme non-inscrite sur les biens du mari; il déclare que l'inscription prise pendant le laps de temps fixé durant lequel le contrat translatif de propriété doit rester affiché au tribunal civil, remontera au jour du contrat de mariage. Le deuxième, dans son troisième paragraphe, contient une disposition analogue; il est ainsi conçu : « Si les inscriptions du chef des femmes sont les plus anciennes, l'acquéreur ne pourra faire aucun paiement, du prix au préjudice desdites inscriptions qui auront toujours ainsi qu'il a été dit ci-dessus, la date du contrat de mariage. *Auront rang du jour du contrat de mariage,* ces mots sont irrécusables, s'écrient nos auteurs; et la conclusion est facile à déduire, c'est que l'hypothèque date du jour du contrat et non du jour de la célébration du mariage.

Ils joignent aux dispositions de ces articles une seconde raison qui ne nous paraît guère plus concluante. Si l'hypothèque n'avait pas la date que nous lui assignons, il serait, disent-ils, trop facile au mari de priver la femme des sûretés que la loi a voulu lui garantir; il n'aurait pour cela qu'à vendre ou hypothéquer tous ses immeubles immédiatement après la rédaction du contrat.

Aux art. 2194 et 2195 nous répondrons par l'art. 2135, qui dit : L'hypothèque existe, indépendamment de toute inscription , au profit des femmes, pour raison de leurs dot et conventions matrimoniales, sur les immeubles de leur mari et à compter du jour du mariage. Ces mots *à compter du jour du mariage* ne sauraient signifier le jour du contrat ; ils ne peuvent indiquer que le jour de la célébration du mariage devant l'officier de l'état civil.

Il nous paraît que la généralité des cas doivent être sous l'empire de l'art. 2135, dont les art. 2194 et 95 ne sont qu'une dérogation pour des cas particuliers.

Quant au second argument, il est également réfutable : d'abord il est facile, vu la publicité des hypothèques, de savoir au moment de la célébration du mariage si le mari a aliéné ou hypothéqué ses immeubles. Et en second lieu cette théorie conduirait à des abus très graves. Dans le cas, en effet, où il s'écoulerait un assez long espace de temps entre le contrat et l'acte de mariage, la mari aurait toute facilité pour tromper les tiers, qui n'auraient aucun moyen de connaître l'existence d'une hypothèque grevant les biens de celui qui contracterait avec eux.

Après avoir fixé la date de l'hypothèque quant aux biens que la femme apporte réellement et effectivement au moment du mariage, il nous reste encore à fixer celle des biens que la femme s'est également constituée en dot , mais qu'elle ne possède pas encore. L'art. 2135 nous apprend que, pour les successions échues ou les donations faites à la femme pendant le mariage , celle-ci n'a hypothèque qu'à compter de l'ouverture des successions, ou du jour que les donations ont eu leur effet.

La femme a également hypothèque pour les dettes contractées avec son mari, mais seulement à partir du jour de l'obligation. On ne saurait, je crois, déroger à cette prescription du Code, et stipuler qu'elle remontera au jour du mariage ; ce serait ouvrir la porte à la fraude.

Pour le remploi de ses propres aliénés , la femme a encore hypothèque, à dater du jour de la vente.

Enfin un dernier cas dont nous devons parler, c'est celui où le mari est détenteur de sommes extra-dotales, ce qui peut arriver , quoique la femme ait ordinairement la jouissance et l'administration de ses biens paraphernaux.

2.

Alors l'hypothèque qui est l'accessoire de l'obligation doit prendre rang du jour où est formée l'obligation, c'est-à-dire dès que le mari a reçu les sommes.

IV. — *Quels sont les biens frappés par l'hypothèque ?*

Quels sont les biens du mari sur lesquels la femme a droit de requérir inscription ? Telle est la quatrième question que nous nous sommes adressée.

Nous trouvons la réponse dans l'art. 2122 : « Le créancier qui a une hypothèque légale peut exercer son droit sur tous les immeubles appartenant à son débiteur, et sur ceux qui pourront lui appartenir dans la suite, sous les modifications exprimées en l'art. 2140 et suiv. » La loi n'établit dans cet article aucune distinction ; elle veut, pour plus de sûreté, que tous les immeubles du mari soient grevés par l'hypothèque de la femme ; aussi nous pensons que l'inscription s'étend aux immeubles acquis et vendus par le mari pendant la communauté, si la femme n'a pas pris part à la vente et a renoncé à être commune. Si elle avait accepté la communauté, il ne saurait en être ainsi, car le mari, étant maître des biens, aurait eu le droit de les aliéner.

Dans le cas de renonciation à la communauté de la part de la femme, l'hypothèque légale doit encore s'étendre aux acquêts aliénés par le mari ; car l'époux n'engage son conjoint que tout autant qu'ils restent communs , et par la renonciation , les actes accomplis sont personnels au mari : la femme ne saurait être considérée comme covenderesse. La cour de cassation a, du reste, consacré cette opinion par deux arrêts. Quelque généraux que soient les termes de l'art. 2122, la femme d'un commerçant ne saurait avoir hypothèque sur les biens sociaux tant que dure la société. Mais, après la dissolution, la portion du mari s'y trouverait soumise. Quant aux biens grevés de substitution, ils ne seront hypothéqués en faveur de la femme que lorsque le testateur aura ordonné qu'il pourra y avoir recours subsidiaire, et pour la garantie seulement des deniers dotaux (art. 1054).

Les biens sur lesquels le mari n'a qu'un droit de réméré ne sont susceptibles d'être soumis à l'inscription qu'après le rachat ; car l'acheteur est le possesseur de l'immeuble, et le vendeu rn'y a qu'un droit éventuel.

V. — *Comment l'hypothèque légale de la femme mariée peut-elle être restreinte ?*

L'hypothèque légale générale, de sa nature, est réductible dans les cas où elle affecte une quantité d'immeubles plus que suffisants pour garantir les droits et créances de la femme. C'est là ce que nous enseignent les articles 2140 — 44 du Code civil.

Lorsque les parties majeures auront dans leur contrat de mariage convenu que l'hypothèque ne portera que sur certains immeubles, les autres seront libres et affranchies de cette charge. Le mari peut aussi, en se conformant aux dispositions de l'article 2144, faire prononcer pendant le mariage la réduction de l'hypothèque. Pour arriver à ces fins, il doit, du consentement de sa femme, réunir les quatre plus proches parents d'icelle, et demander que l'hypothèque générale sur tous ses immeubles soit restreinte à ceux suffisants pour la conservation des entiers droits de la femme. Le tribunal pourra, quelles que soient du reste les conclusions de l'avis donné par les parents, ordonner la réduction, après avoir ouï les conclusions du procureur de la République.

La loi a voulu que l'hypothèque légale pût être ainsi restreinte, de crainte que les tiers, épouvantés par une inscription qui greverait tous les biens du mari, ne voulussent pas avec lui contracter des obligations qui peuvent lui être avantageuses. La femme, du reste, ne saurait perdre aucun de ses droits par la restriction de l'hypothèque, car elle est entourée de précautions suffisantes pour ne pas devenir préjudiciable, et le mari se trouve jouir d'une liberté d'action plus grande, à lui nécessaire dans mille entreprises et spéculations qui peuvent venir augmenter sa fortune.

Les auteurs du Code civil, en permettant la réduction de l'hypothèque, ont défendu d'une manière formelle la renonciation à toute inscription, de crainte que les femmes, se laissant entraîner par leurs maris, ne perdissent leurs garanties. Du moment que l'on avait compris la nécessité de ne pas rendre l'inscription de l'hypothèque nécessaire, on ne pouvait que décider d'une manière négative la question de renonciation de la part de la femme à toute hypothèque.

VI. — *Le contrat de mariage doit-il être fait en France pour que la femme ait hypothèque sur les biens de son mari?*

Dans l'ancienne jurisprudence, les meilleurs esprits ont été divisés sur la question de savoir si les contrats ou obligations passés en pays étranger produisaient hypothèque en France.

Certains jurisconsultes, regardant l'hypothèque comme étant du droit des gens, voulaient que le droit d'inscription résultât des actes reçus hors du territoire français. D'autres, considérant au contraire l'hypothèque comme dérivant du droit civil, refusaient à ces actes et contrats les garanties hypothécaires que leur accordaient les premiers. Toutefois, ils faisaient exception pour les contrats de mariage et les actes de tutelle; d'autres enfin, plus sévères encore, ne voulaient faire aucune exception à leur principe général, et refusaient inscription sur les biens du mari, comme sur ceux du tuteur.

Le Code civil, dans son article 2128, vient trancher toutes ces controverses, en déclarant qu'il pourra résulter hypothèque des actes passés eu pays étranger, si cela est stipulé dans les traités. «Les contrats passés eu pays étranger ne peuvent donner hypothèque sur les biens de France, s'il n'y a des dispositions contraires à ce principe dans les lois politiques et dans les traités. »

Suivra-t-il de là que la femme mariée en pays étranger ne pourra avoir hypothèque sur les biens de son mari situés en France? Nous ne le pensons pas; car l'hypothèque ne nous paraît pas résulter du contrat de mariage, (dans ce cas, la question serait toute tranchée par notre article), mais bien de l'acte de mariage. Tout mariage contracté en pays étranger étant valable d'après notre loi, pourvu que l'on ait observé les solennités voulues dans ce pays, il nous semble que la femme doit jouir de toutes les prérogatives qu'accorde notre Code au fait du mariage, que par conséquent la femme doit avoir hypothèque légale sur les biens du mari.

Cette opinion admise, on doit encore se poser une question, à savoir : si les formalités de l'article 171 devront être préalablement remplies, si elles sont indispensables à l'effet de donner à la femme mariée en pays étranger avec un Français hypothèque sur les biens de son conjoint. Il semble que cette formalité, purement réglementaire, et qui n'est nullement nécessaire pour la validité du mariage, n'est pas indispensable. D'ailleurs, faire dépendre l'hypothèque de l'accomplissement des formes prescrites par l'article 171, ce serait la subordonner à la vigilance du mari, et remettre entre ses mains le sort des garanties que la loi donne à la femme, ce qui est contraire à toutes les dispositions du Code.

D'après ce que nous venons de dire, nous regardons l'hypothèque légale comme étant accordée à la femme française aussi bien qu'à la femme étrangère mariée hors du territoire français ; car, dans l'un et l'autre cas, le fait sur lequel repose l'hypothèque existe, et il nous semble importer peu que ce fait se soit accompli en France ou à l'étranger.

La loi, afin de rendre l'action de l'hypothèque légale plus efficace, l'a, nous avons dit pour quels motifs, dispensée d'inscription, en ce sens qu'elle existe sans que cette formalité ait été remplie. Toutefois, il n'est pas à dire que l'hypothèque ne doive pas être inscrite ; tout au contraire. La loi, qui tient essentiellement au caractère de publicité, veut que l'inscription soit prise par le mari ; à défaut du mari, par le procureur de la République près le tribunal du domicile du mari.

Les parents de la femme, du mari, pourront également requérir l'inscription. On conçoit facilement les motifs qui ont dicté les articles 2156-57-59. Le mari, ne requérant pas inscription au bureau du conservateur, pourrait induire les tiers en erreur, en leur laissant croire que ses biens n'étaient grevés d'aucune hypothèque. La loi a même donné une sanction à l'article 2136, en déclarant que « les maris qui, ayant manqué de requérir et faire faire les inscriptions ordonnées par le présent article, auraient consenti ou laissé prendre des priviléges ou des hypothèques sur leurs immeubles, sans déclarer expressément que lesdits immeubles étaient affectés à l'hypothèque légale des femmes, seront réputés stellionataires, et comme tels contraignables par corps. »

Le mineur a droit d'inscription sur les biens de son tuteur, cotuteur, protuteur, tuteur officieux, car toutes ces personnes réunissent les caractères d'une véritable tutelle, sur les biens de la mère qui a convolé en secondes noces sans se conformer aux prescriptions de l'article 395.

Cette hypothèque est valable, quelles que soient les circonstances dans lesquelles la tutelle a été déférée ; tel est le cas où la délation de la tutelle a eu lieu dans les dix jours qui ont précédé la faillite du tuteur.

Les créances du pupille, à quelqu'époque qu'elles remontent, prennent rang d'inscription du jour de l'acceptation de la tutelle.

L'hypothèque peut être restreinte dans l'acte de nomination du tuteur aux biens suffisants pour opérer pleine garantie ; le tuteur lui-même peut demander la réduction dans le cas où l'hypothèque générale sur ses immeubles excèderait notoirement les sûretés suffisantes pour sa gestion. Il devra, d'après l'article 2143, former sa demande contre le subrogé-tuteur, et la faire suivre d'un avis du conseil de famille, réuni à cet effet.

L'hypothèque légale accordée à l'Etat, aux établissements publics, aux communes, sur les biens des receveurs et administrateurs comptables, diffère de celle des mineurs et des femmes mariées, en ce qu'elle n'existe qu'à partir du jour de l'inscription.

CODE DE PROCÉDURE.

De la compétence des juges de paix en matière personnelle ou mobilière.

L'institution des justices de paix n'est pas d'ancienne origine ; elle ne remonte, en effet, qu'à la loi du 24 août 1790. Cette loi voulut que chaque canton eût un juge de paix, dont elle fixait les attributions.

Cette juridiction nouvelle fut créée dans le but de rapprocher les justiciables de leur juge, de terminer plus promptement et à moins de frais des contestations d'une mince importance ou même d'une importance assez grande, mais dans lesquelles une descente sur les lieux était indispensable pour prononcer un jugement en toute connaissance de cause.

Depuis la fondation de ces tribunaux et au mois de mai 1838, une seconde loi, devenue la loi organique de la matière, a considérablement étendu les pouvoirs des juges de paix.

Les attributions de ces juges, très nombreuses d'ailleurs, peuvent se ranger en trois catégories bien distinctes : 1° actes de conciliation ; 2° actes extrajudiciaires, tels que apposition et levée de scellés, assistance aux délibérations de famille ; 3° fonctions judiciaires. C'est sous ce dernier point de vue, comme juge civil connaissant des actions purement personnelles ou mobilières que nous avons à considérer les juges de paix.

Nous examinerons à ce sujet :

1° Ce que l'on appelle action personnelle, action mobilière ;

2° Quelle doit être la valeur de l'action pour que le juge de paix puisse en connaître ;

3° S'il y a des actions personnelles et mobilières ne dépassant pas la valeur de 200 fr., dont le juge de paix ne saurait connaître.

I. — Qu'appelle-t-on action personnelle, action mobilière ?

Les actions se divisent en plusieurs classes, suivant leur nature ; c'est ainsi qu'on distingue les actions personnelles et réelles, les actions mobilières et immobilières.

La première de ces divisions est empruntée à la cause, l'origine, l'élément générateur de l'action, tandis que la seconde ne tient absolument qu'à l'objet de l'action.

La distinction à établir entre l'action réelle et l'action personnelle est difficile et délicate. C'est dans l'organisation judiciaire des Romains qu'il faut aller chercher l'origine de ces dénominations, car notre Code, malgré les réclamations de plusieurs tribunaux et de la cour suprême, a gardé un silence complet sur les règles qui peuvent conduire à la distinction claire et précise de ces deux sortes d'actions. Toutefois, on est aujourd'hui convenu d'appeler action personnelle celle qui est fondée sur un droit purement relatif, sur une obligation ne dépassant pas la personne du défendeur, et qu'on ne pourrait invoquer contre les tiers ; en un mot, lorsque le demandeur allègue que la personne contre laquelle il plaide est liée à lui par un contrat, un quasi-contrat, un délit, un quasi-délit. L'action est réelle toutes les fois que la prétention du demandeur ne suppose pas l'existence d'une obligation corrélative du défendeur, c'est-à-dire lorsque la demande repose sur un droit absolu inhérent à la chose, comme le droit de propriété. Dans ce cas, l'action dépasse la personne du défendeur, et l'objet peut être réclamé entre les mains de tout détenteur.

La distinction entre les actions mobilières et immobilières est plus facile; elle repose, en effet, sur les mots meubles et immeubles dont tout le monde connaît la signification. L'action est mobilière quand le demandeur réclame des objets mobiliers; immobilière, quand il réclame des objets immobiliers. (*Actio ad mobilia, mobilis; ad immobilia immobilis*, dit Cujas.)

De ce que nous venons de dire, il résulte que la qualité de mobilière ou immobilière peut appartenir à l'action réelle comme à l'action personnelle. Afin de distinguer les actions personnelles-mobilières des actions personnelles-immobilières, on est convenu d'appeler les premières pures personnelles. C'est de ces actions dont s'occupe l'article 1er de la loi de 1838, ainsi conçu: « Les juges de paix connaissent de toutes actions purement personnelles; puis il ajoute: « Ils connaîtront également des actions mobilières. » Il semble, d'après cela, dit M. Rodière dans son livre sur la procédure civile, que le législateur se serait exprimé d'une manière plus claire s'il avait dit que les juges de paix ne connaîtraient, dans les limites fixées, que des actions mobilières, soit personnelles, soit réelles, et jamais des actions immobilières.

L'action, quoique née à propos d'un immeuble, ne cesserait pas, du reste, d'être pure personnelle dans le cas où il ne serait demandé devant le juge de paix qu'une somme d'argent ou bien des objets mobiliers.

II. — *Quelle doit être la valeur de l'action pour que le juge de paix puisse en connaître?*

La réponse à cette question se trouve également dans l'article 1er de la loi de 1838: « En dernier ressort, jusqu'à la valeur de cent francs, et, à charge d'appel, jusqu'à la valeur de deux cents francs. » Nous voyons d'après cela que toute action intentée à l'effet d'obtenir une somme inférieure ou égale à deux cents francs ressortira du tribunal de paix.

Mais, pour déterminer la valeur de l'action, devra-t-on se fonder sur la somme demandée par l'exploit introductif d'instance ou bien sur celle adjugée? Nous croyons que la question ne saurait être douteuse. Le juge de paix devra toujours considérer la valeur de l'action comme résultant des dernières conclusions posées à l'audience. Il faut également, pour évaluer l'action, prendre en considération les demandes accessoires, telles que intérêts échus, dommages-intérêts, dont l'origine, la cause sont antérieures à l'exploit.

Lorsqu'une personne sera débitrice de plusieurs sommes, le créancier pourra, par demandes séparées, réclamer chacune de ses créances si elles sont inférieures à deux cents francs ; mais le juge de paix ne saurait être compétent si les diverses sommes, dont chacune est inférieure à cette quotité, étaient ensemble réclamées, et formaient une somme plus considérable. Si le créancier avait, au lieu d'un seul, plusieurs débiteurs de sommes chacune inférieure à deux cents francs, lors même que tous auraient été assignés par le même exploit, le juge de paix ne cesserait pas d'être compétent. Il aurait également droit de prononcer sur une contestation inférieure à deux cents francs, la somme répétée fût-elle déclarée n'être que le restant ou partie d'une somme plus forte pour laquelle il n'est formé aucune action. Toutefois, si le droit que pourrait avoir le demandeur est mis en question aussi bien que le droit actuel, le juge de paix doit se déclarer incompétent.

Nous avons vu que plusieurs personnes peuvent, pour des créances réunies et qui excèdent deux cents francs, être appelées devant le juge de paix par un seul créancier; le cas inverse peut se présenter. Plusieurs créanciers peuvent actionner en paiement pour une somme qui, provenant d'un seul et même titre, d'un seul et même fait, est supérieure à deux cents francs; un débiteur unique, pourvu que celui-ci ne soit redevable à chacun que d'une portion inférieure à cette quotité.

Nous devons observer ici que le juge de paix n'aurait pas à se dessaisir de l'affaire dans le cas où le défendeur opposerait la nullité de l'obligation dont l'exécution est poursuivie. Il en serait de même s'il s'agissait de toute

5

autre exception invoquée contre la demande, comme celle qui mettrait en question la qualité des parties, leur état; car le tribunal, qui est juge de l'action, doit nécessairement l'être aussi de l'exception.

La loi veut que les juges de paix ne soient saisis des affaires que tout autant que la demande n'est pas indéterminée; mais elle ne dit pas comment et de quelle manière la valeur de l'action est déterminée. Aussi pensons-nous qu'il importe peu qu'elle le soit d'une manière ou d'une autre, et qu'il suffit que le demandeur qui revendique un meuble et conclut à sa remise ou au paiement n'en fixe pas la valeur au-dessus de deux cents francs.

III. — *Y a-t-il des actions personnelles et mobilières ne dépassent pas la valeur de deux cents francs dont le juge de paix ne saurait connaître?*

Les actions purement personnelles et mobilières, quoique ne dépassant pas la valeur de deux cents francs, ne rentrent pas dans les attributions des juges de paix toutes les fois que la loi en a spécialement réservé la connaissance à d'autres tribunaux : telles sont, entr'autres, celles qui rentrent dans la juridiction des prudhommes, et celles qui ont un caractère commercial. Ces dernières actions devront toujours être poursuivies devant les tribunaux de commerce. On doit également faire rentrer dans la catégorie dont nous nous occupons les actions en paiement de droits dont les recouvrements sont faits par la régie et l'enregistrement; il appartient, dans toutes les circonstances, aux tribunaux civils de statuer sur ces demandes. Les demandes en dommages-intérêts qui seront formées contre les huissiers ou les officiers ministériels à raison de leurs fonctions ne sont point également du ressort du tribunal de paix.

L'article 60 du Code de procédure déclare que les demandes formées pour frais par les officiers ministériels seront portées au tribunal où les frais ont été faits.

Le législateur en a ainsi ordonné par un double motif : le premier est tout entier dans l'intérêt de l'officier ministériel : c'est de ne pas le distraire du service public dont il est chargé : le second, c'est qu'étant naturellement placé sous la surveillance et la censure du tribunal près lequel il exerce, l'officier ministériel ne doit pas être traduit devant un autre tribunal qui aurait simplement qualité pour prononcer sur la question en litige, mais non pour le reprimander quant à ses actes; ce serait un moyen de se soustraire à une surveillance nécessaire, que la loi n'a pas voulu lui accorder.

DROIT CRIMINEL.

De la récidive en matière correctionnelle et en matière de simple contra-vention.

Avant de nous occuper de la récidive en matière correctionnelle et en matière de simple contravention, nous croyons devoir expliquer les motifs qui ont engagé le législateur à punir d'une manière plus sévère celui qui tombe en récidive que l'auteur d'une première contravention, d'un premier délit, d'un premier crime. Les auteurs du Code pénal ont vu dans la réitération de la faute l'indice d'une plus grande perversité, d'un péril social plus imminent. La première peine étant devenue inefficace, on a dû en appliquer une seconde plus grave, dans l'espoir qu'elle frapperait davantage le coupable et le ramènerait à des sentiments meilleurs. Cette aggravation ne se fonde pas sur la criminalité intrinsèque de l'action, que cette circonstance ne peut aggraver, mais bien sur la criminalité extrinsèque de l'agent, de l'auteur du délit, du crime ou de la contravention. Après ces observations préliminaires, abordons la question de récidive en matière correctionnelle.

L'accomplissement d'un premier délit et d'un second délit, depuis la condamnation prononcée contre le premier, ne constitue pas toujours et nécessairement un cas de récidive; il faudrait pour cela que la première condamnation présentât quelque gravité, qu'elle fût au moins d'une année d'emprisonnement. L'art. 58 dit, en effet : « Les coupables condamnés correctionnellement à un emprisonnement de plus d'une année, seront aussi, en cas de nouveau délit, condamnés au maximum de la peine portée par la loi, et cette peine pourra être élevée jusqu'au double ; ils seront, de plus, mis sous la surveillance spéciale du gouvernement pendant au moins cinq années, et dix ans au plus. » Toutes les fois donc que l'auteur du délit n'aura pas été, pour la première faute, condamné à un an au moins d'emprisonnement, il ne devra pas être considéré comme étant dans le cas de récidive s'il vient à commettre un second délit. Mais quand se rencontrera cette circonstance que, condamné à une année ou plus d'emprisonnement, le coupable aura ensuite commis un nouveau délit, la peine pourra être élevée jusqu'au double, et le condamné sera mis sous la surveillance spéciale du gouvernement pendant au moins cinq années, et dix ans au plus.

Quand les tribunaux admettent des circonstances atténuantes en faveur du prévenu, ils peuvent réduire la peine à un taux très bas. Doit-on penser qu'il en est de même dans le cas de récidive? Avant la révision de 1832, la question pouvait paraître douteuse; mais aujourd'hui, l'art. 463 tranche la question d'une manière toute définitive en faveur de l'accusé. Si les circonstances paraissent atténuantes, dit cet article, les tribunaux correctionnels sont autorisés, même en cas de récidive, à réduire l'emprisonnement même au dessous de six jours, et l'amende même au dessous de seize francs. Les rigueurs prononcées par l'art. 58 du Code pénal se trouvent singulièrement adoucies par le bénéfice des circonstances atténuantes, puisque les tribunaux pourront, par ce moyen, réduire la peine non-seulement au minimum de celles appliquées aux délits, mais même condamner à des peines inférieures et de la même nature que celles de simple police, c'est-à-dire emprisonnement au-dessous de six jours, amende au-dessous de seize francs.

L'art. 463 parle de la réduction de la peine quant à la prison et à l'amende, mais elle est muette sur le point de savoir si les circonstances atténuantes peuvent octroyer au condamné le bénéfice d'être dispensé de la surveillance spéciale du gouvernement pendant cinq années au moins et dix ans au plus, peine que l'art. 58 est venue joindre à la prison et à l'amende dans le cas de récidive. Cette question, jugée diversement, nous semble devoir être tranchée en faveur de l'accusé. Quoique la surveillance spéciale du gouvernement soit ordonnée d'une manière impérative, il est bien difficile d'admettre que les tribunaux, reconnaissant des circonstances atténuantes, seront forcés de l'appliquer au condamné.

Il ne peut être dans l'esprit de la loi de vouloir que les juges autorisés, même en cas de récidive, à ne frapper le coupable que de quelques jours d'emprisonnement, soient cependant forcés d'attacher à cet emprisonnement, soit même à cette amende, si faible, qu'il leur est permis de substituer à l'emprisonnement, une surveillance de cinq ans de la part de la haute police. Le jugement correctionnel qui déclare qu'il y a en faveur du prévenu des circonstances favorables, atténuantes, et ne prononce, pour ces raisons, qu'une condamnation à quelques jours de prison ou à une amende de quelques francs, proteste d'une manière assez haute contre la nécessité d'ajouter à ces légères peines la surveillance de la haute police. Nous croyons donc qu'en vertu du dernier paragraphe de l'article 465 du Code pénal, le tribunal, dans le cas même de récidive, pourra réduire la pénalité dans les proportions fixées par cet article, non-seulement en ce qui concerne l'emprisonnement et l'amende, mais même, et malgré les derniers mots de l'article 58 si impératifs, dans leurs dispositions, dispenser le condamné d'une surveillance qui, tout en étant l'accessoire de la condamnation, serait plus forte que la peine principale, et qu'il serait d'ailleurs ridicule d'attacher à une condamnation aussi légère que celle de cinq jours d'emprisonnement ou de quinze francs d'amende.

L'accusation doit établir l'existence de la première condamnation pendant les débats, car si elle reste ignorée, le bénéfice de cette omission appartient au condamné, qu'une addition au jugement déjà prononcé ne pourra venir priver de cet avantage. La récidive, en effet, est une circonstance concomitante du second délit, et il y a chose jugée sur toutes les

circoestances qui se rattachent à ce fait, lorsque la condamation est inter-
venue.

Ce que nous' venons de dire se rapporte aux délits en général. Nous
devons, avant de terminer nos observations sur la question qui nous a été
posée, parler de quelques délits particuliers dont la loi a réservé la connaissance aux cours d'assises : ce sont les délits de presse. La loi du 17
mai 1819 dit dans son article 25 : « En cas de récidive : des crimes et
délits prévus par la présente loi, il pourra y avoir lieu à l'aggravation de
peine prononcée par le chapitre 4, livre 1er, du Code pénal. » Ces mots :
Il pourra y avoir lieu, qui sur l'observation de quelques députés, ont
remplacé ceux-ci : *Il y aura lieu,* que portait le projet de loi, indiquent
qu'il n'y a pas de la part de la cour d'assises obligation d'aggraver la peine
dans le cas de récidive, comme il est ordonné en l'article 58 du Code pénal.
Elle dispose, en matière de délit de presse, des pénalités de la récidive, mais
elle n'est pas tenue de les appliquer. Cette disposition facultative remplace,
à l'égard des délits dont nous nous occupons, l'atténuation de l'article 463
que la jurisprudence a écartée des délits commis par la voie de la presse.

Les peines auxquelles les tribunaux de police peuvent condamner les
auteurs des contraventions, sont : l'amende, l'emprisonnement et la confis-
cation de certains objets saisis. L'amende pourra être prononcée depuis un
franc jusqu'à quinze francs, et l'emprisonnement ne pourra être moindre
d'un jour, ni excéder cinq jours. Le condamné sera contraignable par corps
pour le paiement de l'amende, qui sera appliquée au profit de la commune
où la contravention a été commise; toutefois, s'il justifie de son insolvabilité,
il ne pourra, pour cet objet, être détenu plus de quinze jours. Dans le cas
d'insuffisance des biens, les restitutions et les indemnités dues à la partie
lésée seront, dit l'article 468 du Code pénal, préférées à l'amende.

Les contraventions ont été rangées en trois classes, suivant leur degré
de gravité ; d'après cette distinction, il est prononcé des peines qui varient
entre un franc et quinze francs d'amende, entre un jour et cinq jours d'emprisonnement.

Nous allons parcourir chacune des catégories fixées par le Code, afin d'examiner ce qui advient en cas de récidive.

L'article 471 contient l'énumération des contraventions rangées dans la première classe; les auteurs de ces fautes sont punis d'une amende de un franc jusqu'à cinq francs inclusivement. Ceux qui auront tiré des pièces d'artifice, ceux qui auront glané, ratelé ou grapillé dans les champs non encore entièrement dépouillés et vidés de leurs récoltes, ou avant le moment du lever ou après celui du coucher du soleil, pourront, en outre, suivant les circonstances, être condamnés de un à trois jours d'emprisonnement. Dans le cas de récidive, l'emprisonnement sera toujours prononcé pendant trois jours au plus contre ceux qui auront contrevenu à l'article 471.

La seconde classe des contraventions renferme une pénalité un peu plus forte, l'amende varie depuis six francs jusqu'à dix francs; et l'on pourra, en sus de l'amende, condamner à trois jours de prison au plus les personnes dont parle l'article 476 pour le fait de contravention dont ils se seront rendus coupables. Dans le cas de récidive, l'article 478 nous apprend que les personnes mentionnées dans l'article 475 seront toujours condamnées à un emprisonnement de cinq jours au plus, et que les individus contre lesquels on pouvait prononcer l'emprisonnement avant la récidive, seront traduits devant le tribunal de police correctionnelle, et punis d'un emprisonnement de six jours à un mois et d'une amende de seize francs à deux cents francs, s'ils sont repris pour les mêmes faits.

Enfin, dans la troisième classe, l'amende variera de onze à quinze francs inclusivement, et l'emprisonnement pourra durer cinq jours. Dans le cas de récidive, l'emprisonnement pendant cinq jours aura toujours lieu.

Pour qu'il y ait récidive dans le cas de contravention, il ne suffit pas qu'après une première condamnation pour un fait, on soit de nouveau pour ce fait traduit en police correctionnelle; il faut encore qu'il ait été rendu contre le contrevenant, dans les douze mois précédents, un premier jugement pour contravention de police commise dans le ressort du même tribunal.

L'article 465, relatif au cas où le tribunal reconnaît des circonstances atténuantes en faveur du prévenu, est applicable au cas de contravention comme au cas de délit. Les juges pourront donc diminuer la peine, comme il est dit en cet article, dans les cas de récidive, et n'appliquer que l'amende sans emprisonnement.

Cette thèse sera soutenue dans une des salles de la Faculté, le 25 avril 1850.

Vu par le président de la thèse,

LAURENS.

Toulouse, Imprimerie de veuve Conne, rue des Marchands, 33.

www.ingramcontent.com/pod-product-compliance
Lightning Source LLC
Chambersburg PA
CBHW070146200326
41520CB00018B/5317